ブックレット新潟大学

新潟の学童保育を考える

長谷川 雪子

新潟日報事業社

も　く　じ

はじめに

　学童保育とは、働く親を持つ小学生に対して、放課後や夏休みなどの長期休暇に行われる保育のことです。学童保育に子どもたちが入所して安心して生活を送ることができることによって、親も仕事を続けることができます。学童保育には親の働く権利と家族の生活を守るという役割があります。日本では「放課後児童クラブ」という名称がつけられ、厚生労働省の管轄となっています。

　新潟市には、2012年度時点では、公設で、社会福祉協議会が運営している「ひまわりクラブ」が101カ所、加えて20カ所の民設民営のクラブが設置され、主に小学校1年生から3年生の6,000人を超える児童たちが通っています。

　公設のある放課後児童クラブに通う子どもたちの一日を見てみましょう。指導員は午後1時には施設に来て、それぞれの児童のスケジュールの確認や打ち合わせなど、様々な準備を行います。通常は3時ごろから児童たちが放課後児童クラブにやってきます。「おかえりなさい」と指導員に声をかけられ、児童たちは、ランドセルを所定の棚に置き、宿題をしたり、遊びを始めます。指導員が「おかえりなさい」と声をかけるのは、学童保育の場が、家庭と同じ「生活の場」であるという考えからだそうです。4時すぎにおやつの時間となり、班がある場合には、上級生の班長のもとに集まり、指導員からの連絡事項等を聞きます。それからおやつを食べ、掃除をし、また遊びの時間となることが多いようです。おやつの後は体を動かす時間を設け、5時すぎからは、帰宅する児童も多いため、比較的おとなしい遊びをして保護者を待ちます。また、4時

半や5時といった決まった時間に一人帰り（親の迎えがなく、下校する）をする児童もいます。多くの児童が一人帰りをするため、決まった時間にひまわりクラブから集団下校をさせるクラブもあります。ひまわりクラブの閉設時間は6時半ですが、迎えの時間に間に合わない保護者もいるため、しばしば6時半を過ぎた時間で閉所になることがあります。

　放課後児童クラブという名称ですが、もちろん放課後以外にも、土曜日や夏休み・冬休み等の長期休み期間中は午前8時から開所します。閉設時間は同じく午後6時半ですので、長期休み期間中も放課後児童クラブを利用する児童は、かなり長い時間をひまわりクラブで過ごすことになります。

　この放課後児童クラブは、様々な問題点を抱えています。あるひまわりクラブを例に挙げてみましょう。市の公設庁舎をひまわりクラブとして使用しています。部屋は二つありますが、その二つは別々の棟にあるため、児童は移動の際に一度外へ出る必要があります。またトイレも別の棟にあるため、児童たちはトイレに行くのにも、外に出る必要性が生じます。またこのひまわりクラブには非常口がありません。そのため、避難訓練をする際には、指導員が児童を窓から外に出すという方法をとっています。多くの児童たちがいるため、日中は電話の音も聞こえないほどの騒々しさになります。にぎやかに遊びたい子どももいますが、静かに本を読むなどをしたい子どももいます。異なる過ごし方をする児童たちが同じ部屋で我慢をしながら保護者の迎えを待つことになるのです。

　また、あるクラブでは、30人前後の規模であり、小さな建物を使用していますが、民家がすぐ隣にあるために、音を立てる遊びをする機会が限られます。一日の過ごし方をみると、「しずかあそび」という項目が

並びます。おとなしい、静かな遊びをする時間ということになります。加えて、外の敷地がないため、外遊びを全く行うことができません。狭い室内で、おとなしい遊びを主体としながら児童たちは、保護者の迎えを待つという毎日になります。

　全ての放課後児童クラブがこうだというわけではありません。新潟市のひまわりクラブは様々な形態をとっており、恵まれた環境での保育を行っている場所も多く存在します。しかし一方で、このように決して良いとはいえない環境の中での学童保育が行われている状況も多々存在します。

　学童保育にはどのような問題が存在しているのでしょうか。またその問題はなぜ生じているのでしょうか。そして、解決するためにどのような取り組みが行われているのでしょうか。本書は、それらに対して答えを見つけていくことを目的としています。

　学童保育の状況は日々変化し、また地域によって抱える問題も異なります。そのため、筆者も状況の把握は不十分かもしれません。しかし、2010年から11年にかけてゼミの学生たちと行った放課後児童クラブの調査は、様々なヒントを与えてくれました。それは、筆者が学童保育を利用していた一保護者として、また、経済学を専門とする研究者として考えていたものに加えて、学生、保護者、指導員の先生と、様々な視点から学童保育について眺めることができたと思っています。後の章にて紹介をしながら、特に新潟市で行う学童保育で抱える問題は何か、またどのような取り組みが行われているかということに焦点を当て、学童保育について考えていこうと思います。

第1章　学童保育の現状

　現在の日本の学童保育の状況を見てみましょう。厚生労働省が発表している放課後児童健全育成事業（放課後児童クラブ）の実施状況から、日本の学童保育の現状を概観してみます。まずは過去からの利用人数の推移を図1に記します。

　図1でみるように、近年学童保育を利用する児童数は大幅に増加しています。

　1999年度には35万人余りでしたが、2011年度には83万人と倍以上の増加を見せています。核家族化・ひとり親世帯の増加・共稼ぎ化が大きく影響していると考えられます。学童保育へのニーズが急激に高まるな

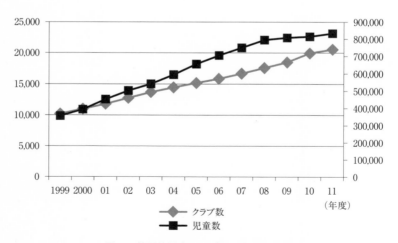

図1　放課後児童クラブ数と在籍児童数
（出典）厚生労働省「放課後児童健全育成事業（放課後児童クラブ）の実施状況」より筆者作成

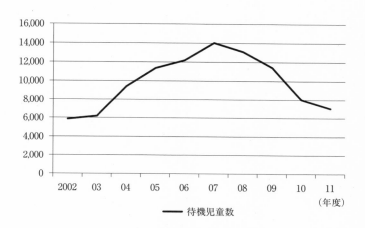

図2　待機児童数の推移
（出典）厚生労働省「放課後児童健全育成事業（放課後児童クラブ）の実施状況」

か、受け入れ口の不足が生じ、学童保育施設整備が緊急の問題となりました。その結果、クラブの新設や分割が行われ、クラブ数も大きく増加し、2011年度には初めて全国の放課後児童クラブ数は20,000カ所を超えました。そのため、利用を希望する児童が増える一方、設備が追い付かず生じていた待機児童数は07年度をピークに減少する傾向にあります。

　公表されている待機児童数をみてみましょう。

　待機児童数は、07年度をピークに減少しており、学童保育施設の受け入れ態勢が整ってきていることを示しているのかもしれません。しかし、学童保育連絡協議会は、待機児童の数の把握が十分ではないと指摘しています。それは、待機児童の把握方法が市町村によってまちまちであることが一つ挙げられます。また、預け入れを希望する保護者が書類を直接施設に取りに行く場合がありますが、その施設での受け入れが不

可能であることを告知され、そもそも申請することを諦めてしまうケースもあるからです。加えて、環境の悪化により学童保育を利用することをやめ、習い事をさせてやりくりする、留守番をさせるなど、代替手段で乗り切る場合もあるでしょう。これらの把握しきれていない待機児童を潜在的待機児童と呼びます。

　学童保育の設置主体に関しては、公立が83％に対して民設民営は17％であり、公立が大多数を占めています。しかし、公立の施設の運営主体の内訳をみると公立公営が41％、公立民営が42％になっています。運営に関しては民間が半数近くを占めており、運営を民間に委託するケースが多くみられます。

　また、クラブの設置場所は、学校の余裕教室が30％、学校敷地内専用施設が25％であり、約半数のクラブが小学校校舎内、もしくは施設内にクラブを設置しています。しかし、それ以外にも児童館・児童センターが14％、公的施設が9％、民家・アパートが6％、保育所が5％と続き、様々な場所が放課後児童クラブとして使用されています。

　実施規模の状況を見てみましょう。2011年度において、36〜70人の規模のものが51.6％と過半数を占め、その次に20〜35人規模の割合が28.6％と続きます。

　学童保育を利用する児童の急激な増加とともに、大きな問題となったのが、学童保育の大規模化です。放課後児童クラブガイドラインにおいては、適正人数は40人までであり、最大でも70人と定めています。そのため、71人以上を大規模クラブと定義していますが、利用人数の急激な増加に伴い、クラブの大規模化が問題になりました。

　大規模化は、学童保育の現場において様々な問題をもたらすといわれ

ています。例えば、

（1）設備の狭隘化により、子どもたちの摩擦が増える。

（2）ケガの発生率が増える。

（3）指導員が個々の児童の状況を把握できないため、保育の質が保証できない。

（4）保育の内容が限られてしまう。

などが挙げられます。

　しかし、この71人以上のクラブは全国的にみると2008年度の2,461カ所をピークに、減少する傾向にあり、10年度には半分の1,221カ所までに減少しました。これは、厚生労働省が2010年度から71人以上のクラブへの補助金を打ち切るという方針を打ち出したことによります。しかし、この方針は10年度には撤回され、70人以上のクラブにも補助金を減額の上、継続して補助を行うように変更されました。11年度には補助金が増額されています。それを反映してか、11年度においては71人以上のクラブは1,199カ所と減少傾向が止まっているようにも見えます。

　全国の状況をまとめると、以下のようになるかもしれません。近年の急激な利用者の増加により、受け入れ態勢が整わない状況が続き、大規模化・待機児童の増加という問題が生じましたが、ここ数年、受け入れ態勢が改善しつつあり、大規模化や待機児童数の増加に歯止めがかかってきているという状況です。しかし、個別にみると地域によって大きな差があることが見て取れます。図3の設置率というものを見てみましょう。これは、小学校の数と放課後児童クラブの数の割合を示しています。100％であれば、小学校数と放課後児童クラブ数が同じであることになります。一つの小学校区に複数の放課後児童クラブが存在する場合もあるので、必ずしも、各小学校区に放課後児童クラブが設置されてい

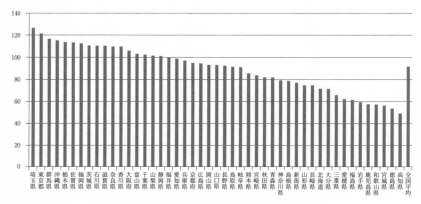

図3　放課後児童クラブの設置率（2012年度）
（出典）全国学童保育連絡協議会

　るとは限らないのですが、一つの小学校区に一つの放課後児童クラブが
設置されているケースが多いので、大まかな傾向をみることはできるで
しょう。
　都道府県別でみますと、一番高いのは埼玉県の126.8％から、高知県
の49.4％までと、地域によって放課後児童クラブの設置数に大きな差が
あることがわかります。なお、新潟県は77.2％と、高い方ではありま
せん。
　政令指定都市での比較をみてみましょう。新潟市自体では、102.6％
となり、設置率は100％を超えていますが、小学校区に放課後児童クラ
ブが設置されていない箇所はまだ存在しています。ちなみに、川崎市は
10.6％と大変低い値ですが、これは、川崎市が、後の章で説明する全児
童対象の放課後子ども教室を設置し、放課後児童クラブの機能を移転し
たことにより、学童保育施設と数えない施設が増えたことによるためで
あり、子どもを預ける場所がなくなった訳ではありません。

表1　政令指定都市における放課後児童クラブの設置状況
（出典）全国学童保育連絡協議会より筆者作成

	小学校数	クラブ数	設置率	入所児童数	71人以上施設数	71人以上施設率	待機児童数
さいたま市	106	169	159.4	7020	1	0.6	552
北九州市	131	187	142.7	8525	4	2.1	0
相模原市	72	98	136.1	4277	9	9.2	50
岡　山　市	93	124	133.3	5003	4	3.2	
神　戸　市	166	191	115.1	9068	31	16.2	0
広　島　市	142	159	112.0	6193	2	1.3	0
札　幌　市	204	214	104.9	10688	41	19.2	0
静　岡　市	86	90	104.7	3448	1	1.1	99
仙　台　市	128	132	103.1	6390	11	8.3	96
浜　松　市	106	109	102.8	4262	1	0.9	81
新　潟　市	114	117	102.6	6160	27	23.1	0
千　葉　市	117	120	102.6	6584	25	20.8	102
堺　　　市	94	92	97.9	7517	57	62	287
福　岡　市	146	142	97.3	10839	77	54.2	0
京　都　市	173	158	91.3	8502	33	20.9	16
名古屋市	262	190	72.5	5338	－	0	0
横　浜　市	345	201	58.3	8956	17	8.5	－
大　阪　市	297	167	56.2	3699	3	1.8	－
川　崎　市	113	12	10.6	455	－	0	0
計・平　均	2895	2672	92.3	122924	344	12.9	1283

　以上のように、地域によって設置状況が大きく異なるのも学童保育の特徴ということができるでしょう。

　もう一つ、新潟市の特徴は上の表からみることができます。待機児童数が0であることと、大規模クラブ数の割合が多いことです。全国平均におけるすべてのクラブに占める大規模クラブ数の割合は5.8％、政令指定都市平均でも12.9％でありますが、新潟市の大規模クラブの割合は

23.1％と、全国平均を大きく上回っています。比較的大規模クラブが多いとされる政令指定都市における大規模クラブの割合と比較しても、堺市・福岡市に次いで高い状況にあります。つまり、新潟市は基本的に1年生から3年生は条件さえ満たせば受け入れる状況ではあるが、その結果、特に新興住宅地において各クラブの大規模化が進んでいると考えることができるでしょう。

第2章　学童保育の成り立ちと法的整備状況

　学童保育の仕組みは、保護者による設立運動のたまものといっても過言ではありません。学童保育の原型にあたるものが設置されたのは明治時代にさかのぼるそうですが、全国的に学童保育が立ち上がってきたのが1940年代でした。その後1960年代には、各地で、父母たちによる学童保育の設立の運動が起こりました。その結果、1976年に当時の厚生省による「都市児童健全育成事業」として、学童保育への国庫補助が開始され、資金面でのバックアップが始まったのです。しかし、そのころは、学童保育を直接規定する法律はありませんでした。そのため、働く親たちが自治体に学童保育施設の設置を要望しても「法律にないものはできない」と断られ、補助金の支給もしないといった対応がみられたそうで、行政の支援が必ずしも得られる状況ではなかったようです。その後、97年6月になってようやく「児童福祉法等の一部改正に関する法律」が成立し、学童保育が初めて国レベルで法制化されることになりました。そして98年4月より、学童保育は児童福祉法と社会福祉事業法に位置づく事業となったのです。児童福祉法では放課後児童健全育成事業を「小学校に就学しているおおむね10歳未満の児童であって、その保護者が労働等により昼間家庭にいないものに、政令で定める基準に従い、授業の終了後に児童厚生施設等の施設を利用して適切な遊び、および生活の場を当てて、その健全な育成を図る事業」（第6条の2）と定めており、おおむね小学校3年生までの児童を想定しています。

　2007年には学童保育の質的向上を目的とし、学童保育が「生活の場」として機能するように「放課後児童クラブガイドライン」が策定されま

した。

　「放課後児童クラブガイドライン」では、対象児童を小学校１年生か
ら３年生の就学児童と定めていますが、その他、健全育成上指導を要す
る児童（４年生以上や特別支援学校の小学部の児童）も加えることがで
きるとしています。
　また規模に関しては、おおむね40人程度まで、最大70人程度までと定
めています。
　他にも、子どもの生活するスペースが児童一人当りおおむね1.65平方
メートル以上の面積を確保することが望ましいこと、子どもの体調が悪
いときの休養スペースを設けること等の設備の基準、職員の体制や資
格、役割等に関しても記載されています。

　また、2008年には「新待機児童ゼロ作戦」が掲げられました。働きな
がら子どもを育てたいが、両立が難しいことから仕事を辞める、もしく
は出産を断念するということを防ぎ、希望するすべての人が安心して子
どもを預けて働くことができる社会を目指すために、受け皿となる保育
所等の待機児童解消をはじめとした保育政策を質・量ともに充実・強化
するという取り組みです。学童保育に関しては、10年後には放課後児童
クラブ（小学１年～３年）の提供割合を当時の値19％から60％まで増加
させ、登録児童数を145万人増やすという数値目標を掲げています。
　また、2010年には「子ども・子育てビジョン」が閣議決定されました。
これは包括的な子育てに関する施策の基本方針です。社会全体で子育て
を支えるというのが基本的な考えであり、そのもと、妊娠・出産から子
育て、保護者の就業環境までをサポートしていこうという施策です。そ

の中の一方針に「放課後子どもプランを推進し、放課後児童クラブを拡充するとともに、これらのサービスの質の向上を図ることにより、放課後対策に取り組みます」と記載されています。

　施策の具体的内容として掲げられているのは以下の二つです
・放課後子どもプラン（放課後児童クラブ・放課後子ども教室）の推進
・放課後児童クラブの充実

　特に後者に関しては、対象児童（小学校1年生〜3年生）のうち、放課後児童クラブを利用する者の割合については、平成26年度までに32％を目指すと記載され、中期的な数値目標を掲げています。

　また、「放課後児童クラブガイドライン」を踏まえ、質の向上を図ることも記載されています。以上のように、近年、国は学童保育を充実させるような基本方針を打ち出してきています。

「放課後子どもプラン」や「放課後子ども教室」とは？

　先に記載した政府の方針に、「放課後子どもプラン」や「放課後子ども教室」という言葉が出てきています。放課後児童クラブとどのように違うのでしょうか。実は「放課後子どもプラン」とは放課後の子どもたちの安全で、健やかな居場所をつくる包括的な計画であり、その中に「放課後児童クラブ」や「放課後子ども教室」が含まれているのです。

　放課後の子どもへの対策としては、前述のように、もともと「放課後児童健全育成事業」として厚生労働省が管轄する放課後児童クラブが存在しています。対象は保護者が就労している児童です。それとは別に、文部科学省は2004年度から親の就労の有無にかかわらず、すべての児童を対象として放課後の居場所を確保する「地域子ども教室」を実施して

表2　放課後子どもプラン実施までの経緯

放課後児童クラブ		地域子ども教室（2004〜2006年度）
放課後児童健全育成事業	事業名	地域子ども教室推進事業
厚生労働省	管轄	文部科学省
親が就労している小学校1〜3年生	対象	小学校全学年が対象
日曜・祝日を除く毎日	開設日	実施主体による
月額利用料＋活動費（おやつ代など）	負担	無料が多い
専任指導員	スタッフ	指導員と運営ボランティア
学習、軽食、遊び、休息等	活動内容	スポーツ、工作、遊び等

⇩

放課後子どもプラン		
放課後児童クラブ	連携・一体化	放課後子ども教室（2007年度〜）

いました。この二つの事業が「放課後の子どもの居場所を確保し、健全育成を図る」という意図は同じであることから、2007年度から、厚生労働省と文部科学省の連携のもと、市町村が実施主体となり、管轄の違う二つの両事業を一体的に、もしくは連携して推進していくために「放課後子どもプラン」が設置されたのです。要するに同じ目的のことを行うのに、縦割り行政の弊害でそれぞれ別の計画を立てているのは非効率的だから、一緒にやりましょうということで設置されたのです。

「放課後子どもプラン」の基本方針は、全ての小学校区で全ての子どもたちに健やかで安全な居場所づくりを進めるということですので、将来的には一体的な運営を視野に入れていると考えられます。実際に川崎市のように、公営の放課後児童クラブを「放課後子ども教室」と統合した自治体もあります。しかし、現実問題として、多くの「放課後児童クラブ」と「放課後子ども教室」の運営方式は大きく異なります。例えば

放課後子ども教室の運営は、指導員に加えて多くの地域のボランティアが参加する方式になっています。また放課後子ども教室は参加自由ですので、来た子どもたちに遊び等を教えるという形式になりますが、放課後児童クラブの指導員は、就業している親に代わって子どもを保育しており、家庭の代わりに「生活の場」を提供するという考えです。そのため、子どもがクラブに来ているかの確認をしています。そのため、一体化した運営に疑問を持つ学童保育関係者は少なくありません。「放課後の過ごし方」という面では同じかもしれませんが、放課後児童クラブは「家庭に代わる生活の場」を目指していますが、放課後こども教室は家庭の代わりとしての機能を必ずしも持たせる意図はありません。全国学童保育連絡協議会では、学童保育を廃止して、どの子どもたちでも過ごすことのできる全児童対策とすることに対し、全児童対策では「生活の場」にならないことから、一体化した運営に反対の立場をとっています。

　新潟市は放課後子ども教室を「ふれあいスクール」という名称で、提供していますが、現時点では放課後児童クラブとふれあいスクールは一体化せず、別のものであるという認識に基づき、運営をしています。以下は新潟市が公表している放課後児童クラブとふれあいスクールの違いです。

表3　新潟市で実施している放課後子どもプランにおける定義

放課後児童クラブ		ふれあいスクール
就労援助と児童の健全育成	ねらい	児童の健全育成と地域教育力の活性化
登録している小学校1〜3年生	対象	小学校全学年が対象
日曜・祝日を除く毎日	開設日	週1日〜5日（長期休業は実施せず）
月額利用料＋活動費（おやつ代など）	負担	無料
専任指導員＋加配指導員（パート）	スタッフ	運営主任数名、運営ボランティア

学童保育設置基準はない？

　以上のように、学童保育をめぐる政策の動きを概観しました。近年特に、児童の健全育成の観点から、放課後対策が打ち出されてきているようです。

　しかしながら、先に見たように、設置状況は地域差が大きいという現状も見て取れます。また質等においても個々の施設で大きな差が存在します。なぜこのような状況が生じるのでしょうか。保育所と学童保育の大きな違いは、法的な最低基準の有無といってもよいでしょう。そしてこの違いこそが、地域差・施設間の差を生み出していると考えられます。

　まず一つ目には、学童保育は法制化されてはいますが、法律上自治体に学童保育を設置する義務がないということが挙げられます。また、補助金の負担は「市町村が実施する事業又は助成する事業に対して、都道府県が補助する事業」に対し、その費用の３分の１を負担することになっており、残りの３分の１ずつを都道府県・市町村がそれぞれ負担する仕組みになっています。新潟市などの政令指定都市は３分の１が国の負担、残り３分の２が市の負担となります。そのため、国が予算を確保していても、地方自治体が財源不足であった場合には整備が進まないことになります。また、全国保育連絡協議会はそもそも国が想定している補助単価が低いと主張しており、これが自治体の負担を増やしているとしています。

　また、質的向上を意図して設定されている「放課後児童クラブガイドライン」は、あくまでもガイドラインであり、法的拘束力はありません。ガイドラインの通知文書にも「本ガイドラインは、各クラブの運営の多様性から『最低基準』という位置づけではなく、放課後児童クラブを運

営するに当たって必要な基本的事項を示し、望ましい方向を目指すものである」と明記されています。

　保育所に関しては最低基準を満たしていないと、認可されませんが、満たしていない保育所も存在しており、それらは認可外保育所と呼ばれています。その認可外保育所に対しても、「認可外保育施設指導監督基準」というものが存在しています。認可外保育所も、認可外保育施設指導監督の指針に基づく届出が義務となり、立ち入り検査を含む行政機関の検査・指導が行われています。つまり、どの保育所に関しても質をある程度保障する仕組みが存在しているのです。

　しかし、学童保育所にはそのような質をチェックするような仕組みはありません。そのため、どのような学童保育を提供するかはその施設や設置者の自由となりうるのです。

指導員の問題

　学童保育の指導員の処遇も問題として挙げられます。現在の新潟市のひまわりクラブの指導員は正規指導員と加配指導員の主に二つに分けられます。正規指導員は、社会福祉協議会の嘱託職員として雇用された職員であり、各施設に原則として2人配置されています。正規職員は採用の条件として、教員・保育士・児童厚生員のいずれかの免許を持っていることが必要とされています。正規指導員といってもいわゆる「正規雇用」ではありません。また加配指導員というのは、パートの職員であり、児童数が41人以上になると追加で配置される仕組みになっています。

　全国学童保育連絡協議会によると、全国の指導員のうちの半数は年収150万円未満で、3年で約半数が退職してしまうという調査結果がでて

います。また、指導員の約7割が非正規雇用の職員です。そのため、長期にわたって、学童保育にかかわることによって指導員としての能力を磨くということがやりにくい状況になっています。学童保育指導員に関して、保育士や教諭のような資格制度が存在しないことも、処遇が改善しない理由の一つといえるかもしれません。公的な資格制度がないため、学童保育指導員としてのキャリアの長期的展望が描きにくい状況になっていることも確かでしょう。

　また、新潟市でもそうですが、現在多くの自治体が公設の放課後児童クラブの運営に指定管理者制度を導入しています。指定管理者制度とは、公の施設の管理・運営を民間も含めた団体に代行させる制度です。例えば3年ごと等、ある期間ごとに指定管理者の選定が行われます。競争原理や民間のノウハウを導入することにより、より効率的なサービスの供給を目指したものですが、非正規の職員を雇用する、職員研修を減らすなど、費用削減を求めるあまり、長期的な視点に立った人材の育成が難しくなるという問題が生じているといわれています。昨今、様々な問題を抱えた児童の対応という難しい役割も指導員に求められる中、指導員の能力の向上をどれだけサポートできるかということも大きな課題といえるでしょう。

新潟市の学童保育の変遷

　新潟市の学童保育のうち、公設の「ひまわりクラブ」については、新潟市学童保育連絡協議会発行の『新潟市の学童保育』が詳細にまとめています。それによると全国的に学童保育設立の運動が盛んになったころ、新潟でも保護者間で子どもを安心して預け働くことのできる環境を

目指し、1963年に婦人団体が学童保育設営についての請願を行っています。その後、学童保育連絡協議会を結成し、試験的な保育を実施するとともに、本格的な実施に向けた設立運動を行った結果、66年に4カ所で父母会運営の共同保育として学童保育が実施されました。そのころは、月曜日から金曜日の午後5時までの保育で、1年生から3年生までが対象でした。指導員は有償ボランティアによるものでしたが、そのころの謝礼は一日500円であったということです。

　その後、多くの校区で新設運動がおこり、父母と指導員との運動によって学童保育所の開設や、通年の運営が広がっていきましたが、運営は父母や指導員に任されていました。また、学童保育所の設立が実現したため一度解散していた学童保育連絡協議会が80年に再結成され、学童保育を制度化することを求めてきました。その結果93年に「新潟市ひまわりクラブ条例」が制定され、運営は、当時の新潟市福祉公社に委託されることになりました。国での法制化は97年ですので、当時としては、全国に先駆けた取り組みだったことになります。条例化により、予算の増額、指導員の待遇の改善・研修の導入、利用料の減免制度も設けられ、学童保育としての仕組みはより充実してきました。

　ただ、このときの制度化で重視されたのは、もともと、有償ボランティアから始まった指導員の待遇の改善であったといわれています。そのため、学童保育の安定的な運営には貢献はしましたが、学童保育の質についてどう保障するかについてまでには至ってはいないようです。

　また、共同保育の時代から続いていた父母と指導員のつながりが薄くなり、父母会が存在しない放課後児童クラブが増えました。そのため、父母・指導員間の交流の場が限られ、クラブに関する問題を共有する機会や意見や要望を集約する機会が少なくなったとも考えられます。

　また、利用者の増加に伴いクラブの大規模化が進み、2003年度には100人を超えるマンモスクラブも誕生しました。そのころの新潟市の考え方は1小学校区に1クラブという方針だったのですが、大規模化・施設の狭隘化によりその方針の転換が迫られます。その背景には、厚生労働省のガイドラインが提示されたことにより、最適規模が40人程度、最大70人までとするとされたことと、10年度中に71人以上のクラブへの補助金を廃止する方針が打ち出されたことが挙げられます。また施設設備費を予算化し、分割を行う環境を作りました。その結果、2007年の大形ひまわりクラブをはじめとして、08年度に七つ、09年度に六つ、11年度に二つのひまわりクラブを分割しています。しかし、先の資料で見たようにまだ大規模クラブは多く存在している状態です。なおかつ、国が10年度以降も大規模クラブへの補助金を廃止せず継続させることを決めたことをうけ、財政上の理由から「必ずしもすべての71人以上の大規模クラブを分割するものではない」と方針を転換しています。この方針転換が妥当なものなのか、考える必要があるでしょう。同時に05年の新潟市の13市町村による広域合併に伴い、当初50カ所であったクラブ数が約1.5倍強の79カ所へ急増しました。また、今まで運営をしていた新潟市福祉公社が社会福祉協議会に統合されたのに伴い、新潟市社会福祉協議会が一括指定管理者になりました。その急増したクラブの状況の把握が社会福祉協議会、新潟市双方の大きな課題になっていると考えられます。社会福祉協議会は、指導員の中に連絡係という協議会とクラブの連絡調整を図る役を導入し、クラブの様子の把握に努めていますが、その分一部の指導員の負担が増えているという声も聞かれます。各クラブの現状を効率よく把握できているかも確認する必要があるだろうと考えられます。

第3章　学童保育の経済分析

　この章は趣を変えて、保護者の学童保育の利用の選択について経済学的分析を行ってみましょう。学童保育の利用を簡単な経済モデルを使用し、表現します。多少の経済学の知識が必要ですので、難しいと感じられる場合には読み飛ばしていただいても問題はありません。

　単純化したケースを想定します。保護者は、たとえば1カ月の時間を、就労して所得を得るか、余暇を増やして子どもと過ごすかを選択します。就労する場合には、子どもの面倒をみることができません。そのため、子どもを学童保育に預けるか、留守番をさせることになります。保護者は満足が一番高くなるように、どれだけ働き、どれだけ休むか、そして学童保育を利用するかを選択するのです。

　この設定をモデルで表現します。保護者は余暇（l）、所得（Y）、保育の質（S）で満足（U）を得るように仮定します。式で表すと、以下のようになります。

$$U = U\ (l, Y, S)\quad(1)$$

　また、余暇が多いほど、所得が高いほど、保育の質が高いほど、満足が高まると考えましょう。経済学では、この満足度のことを「効用」と呼びます。また、余暇は子どもの面倒をみるという時間でもありますので、余暇により得られる効用（満足度）には子どもと一緒に過ごすことによる満足度が含まれると考えてください。そのため、保育の質が低いほど、一時間余暇を増やしたときの効用の増加分は大きくなると仮定しましょう。逆に、保育の質が高まるほど、余暇が与える効用の増加分は小さくなります。保育の質が低いと、その保育を利用しても子どもが楽

しまないかもしれない、ケガをするかもしれない等、子どもが心配なため、自分が子どもを見てやらねばという気持ちが強くなるでしょう。つまり、余暇は自分が子どもの面倒をみる貴重な時間と考えますが、保育の質が高いと、子どもが充実した保育で過ごしているという安心がありますので、余暇は子どもの面倒をみる時間としてはそれほど貴重ではないと考えられます。

　また、所得Yは、余暇を削った就労Lにより得られると考えます。そのときの賃金は時間あたりwであると考えましょう。また就労により、学童保育を利用する場合には保育料P_Nがかかると考えます。新潟市にある多くの放課後児童クラブは、月あたりの保育料が決まっており、月何回利用しても利用料は変わりませんので、P_Nも一定であると考えます。

$$Y = M + wL - P_N \quad （2）$$

　Mは、自分の就労以外から得られる所得だとしましょう。例えば、家族の給料などが挙げられます。

　また、余暇を削り、就労するので、余暇と就労には以下のような制約があります。

$$H = L + l \quad （3）$$

　Hはひと月の総時間数です。例えば、30日なら24時間×30＝720時間と考えてもよいでしょう。時間は非常に単純化して、余暇か働くかの2種類であると仮定しています。これらの時間や予算の制約の中で、保護者は満足度を最大化するように、①何時間働き、何時間子どもと過ごすか、また②学童保育を利用するかどうかを決定します。

　（3）を（2）に代入し、変形をすると、予算制約式は、lとYについての関係式となります。

$$Y = -wl + M + wH - P_N \quad (4)$$

　難しく見えますが、縦軸に所得Y、横軸に余暇 l をとって（4）を図示すると、図4のように働かないとき（l＝H）のときには、$Y = M - P_N$ の値をとり、働くほど、賃金wの分だけ所得が増加する右下がりの直線になるのがわかります。

　保育の質Sについて考えてみましょう。放課後児童クラブは通常民間のクラブが複数存在している地区以外は保護者に選択の余地はありません。通常校区ごとに通うクラブを割り当てられます。一校区に複数の放課後児童クラブがある場合にも公設のものに関しては、居住地区によって通うクラブを指定されます。そのため、保育の質Sは保護者には選択できない所与のものと考えることにしましょう。この予算制約内の中で、保護者は、効用を最大化するような余暇と所得を選択します。

　その問題をわかりやすくするために、保護者の効用も図示してみましょう。満足度を表すのには、通常、無差別曲線というものを使います。これは、いわば、地図でいえば等高線になります。等高線は地形の高低を平面上に表現するために、同じ高さの場所をつないで表したものです。効用も高さで表すと、図5のように、山のような盛り上がりのあるものと考えることができます。無差別曲線は、同じ満足度を表すような所得と余暇の組み合わせを、線でつないだものなのです。この無差別曲線は、余暇や所得が多いほどうれしいが、一単位余暇や効用が

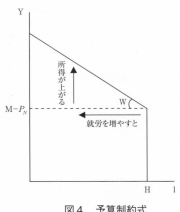

図4　予算制約式

増えたときの効用の増加自体は小さくなっていくという仮定を置くと（限界効用逓減の法則）この図6のように原点に向かって凸の形状になります。例えば、仕事が忙しく、ほとんど休みを取れない人が半日休みを取れたときのうれしさと、仕事が暇で、十分休みを取れている人が半

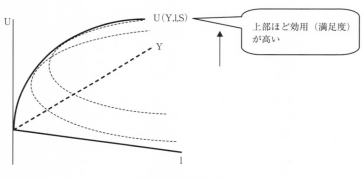

図5　効用関数の図示

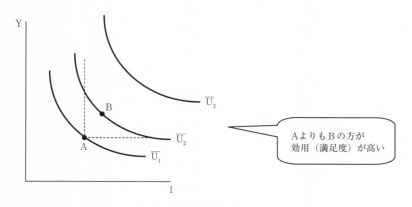

図6　無差別曲線

日休みを取れたときのうれしさを比較すると、前者のうれしさの方が大きいだろうという仮定です。

　図6には3本の無差別曲線が描かれています。同じ保育水準Sのもとでは、より右上にある無差別曲線の効用が高くなります。その理由をみるために$\overline{U_1}$上の点Aと、$\overline{U_2}$上の点Bを比較してみましょう。点Bは点Aに比べると、余暇lも所得Yも高い状況にあります。余暇も所得も当初の仮定から、効用を高めるものであることがわかります。よって、点Bは必ず点Aよりも効用が高くなるはずです。ところで、無差別曲線は同じ効用の大きさを達成する余暇と所得の組み合わせですので、点Bが含まれる無差別曲線$\overline{U_2}$の方が、点Aが含まれる無差別曲線$\overline{U_1}$よりも高い効用になるのです。

効用最大化

　これで、予算制約線と効用関数がそろいましたので、効用最大化の図示を行います。要するに、予算制約内で一番効用の高い点を探すことになります。無差別曲線でいうと、右上にあるものほど高い効用を示していたのですから、予算制約線に収まる領域の中で、一番右上の無差別曲線に含まれる点を探せばよいということになるでしょう。

　図7の点Eは効用を最大化した状況を表しています。予算制約内に収まり、なおかつ効用が一番高い箇所は予算制約線と、無差別曲線が接する点になるのです。これ以上高い効用を得ようとすると、より右上にある無差別曲線を探さねばなりません。しかし、より右上にある無差別曲線は予算制約線の中に収まりません。つまり、予算制約を満たせないことになるのです。よって、点Eの高さが効用を最大化したときの所得

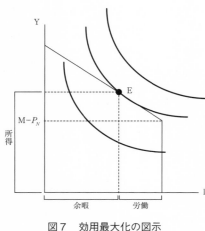

図7　効用最大化の図示

で、横が余暇の量になります。

　しかし、もう一つ、考慮しなければならないことがあります。今の前提は、学童保育を利用するというもとで、効用を最大化し、最適な余暇時間・就労時間と所得の組み合わせを求めていましたが、学童保育を利用しないという選択肢もあるはずです。つまり、学童保育を利用しないケースも考え、そのうえで、どちらの効用が高いかを比較しなければなりません。

よって、ここで行うのは以下のような手続きになります。

1　学童保育を利用した場合に効用最大化するような点を探し、その際の効用を求める。

2　学童保育を利用しない場合に効用最大化する点を探し、その際の効用を求める。

3　1と2を比較する。

　学童保育を利用しない場合のケースを図示してみましょう。変数でいうと、S＝0の場合に当たります。

　先の学童保育を利用したケースの予算制約線を破線で示しましたが、学童保育を利用しない場合には予算制約線はより上にシフトしています。これは、学童保育の利用料が発生しないため、その分所得が上昇していることを示します。

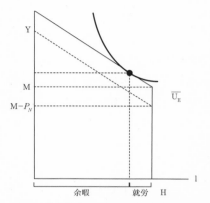

図8　学童保育を利用しない場合の最適点
（留守番をさせるケース）

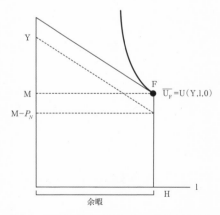

図9　学童保育を利用しない場合の最適点
（就労をやめるケース）

　また、無差別曲線の形状を見てみましょう。学童保育を利用している場合に描かれたものよりも急な傾きになっています。これは初学者には少々難しいのですが、説明してみましょう。無差別曲線の傾きは「限界代替率」とよばれます。ここでの限界代替率とは、一単位余暇を減らした場合、効用を一定に保つにはどれだけ所得を増やせばいいか、その割合を示しています。余暇を減らすと、その分効用は減ってしまうはずです。無差別曲線上では効用、つまり満足度が一定でなくてはならないのですが、減った効用を埋め合わせるために所得を増やさなくてはいけません。どれだけ所得を増やせば、埋め合わせができるかを示しているのです。埋め合わせに必要な所得が多いと傾きが急になり、少ないと傾きが緩やかになります。

　学童保育を利用しない場合（S＝0）、余暇を1単位けずり、就労を

すると子どもに留守番をさせるということになります。それは親にとっ
ては、学童保育を利用する場合と比較すると、子どもを一人で留守番さ
せることによって子どもが寂しい思いをしないか、危険な目に合わない
かとの心配が増えることなどから、一時間余暇を削る就労の増加は大き
く効用を下げる働きがあるはずです。そのため、余暇を削る前と同じ効
用を維持するためには、大きく所得を増やさなくてはいけないでしょ
う。そのために傾きが急になるのです。なお、子どもへの心配と、所得
などは比較できない、お金をいくら積まれても子どもを一人にすること
への埋め合わせはできないという保護者もいるかもしれません。その場
合の無差別曲線は真っすぐに立つ、垂直な線になります。

　保育を利用しない場合の均衡点を二通り示しました。図8は予算制約
線と無差別曲線が接する状態で、子どもに留守番をさせながら就労をす
るケースです。図9はより無差別曲線が急な場合です。このケースにお
いては予算制約線と無差別曲線は接することはなく、Fで交わります。
この場合は、保護者は就労をあきらめ、子どもの面倒をみるケースとな
ります。

　それでは、先に求めた学童保育を利用する場合の最適点と、利用しな
い場合の最適点を図10を使用して比較してみましょう。

　学童保育を利用したときの最適な点はE、そのときの効用の大きさを
$\overline{U_E}$、学童保育を利用しないときの最適な点はF、効用を$\overline{U_F}$と表現しま
した。このとき、無差別曲線は$\overline{U_F}$の方が右上にありますが、必ずしも
効用が高いというわけではないことに注意してください。先に述べた、
無差別曲線が右上にあるほど高い効用であるというのは、同じ保育水準
（S）において比較したものでした。図10で描かれている無差別曲線は、
保育の程度が異なります。$\overline{U_F}$の方がこの図では余暇も所得も大きく表

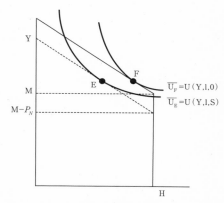

**図10　最適点の比較（学童利用するケース
　　　　と利用しないケース）**

現されていますが、保育が0で
あることから、効用がその分減
少していると考えられます。そ
のため、この図のみではどちら
が高いかは一概には言えま
せん。

　結局、$\overline{U_E}>\overline{U_F}$の場合、つま
り、学童保育を利用したときの
効用が学童保育を利用しないと
きの効用よりも大きい場合には
保護者はE点を選択し、学童保

育を利用することになり、$\overline{U_E}<\overline{U_F}$の場合には、保護者はF点を選択し、
学童保育を利用しないということになるのです。この学童保育を利用し
ないときの保護者の効用$\overline{U_F}$を「留保効用」とよびます。学童保育を利
用するかどうかは、学童保育を利用したときの効用が留保効用を上回る
かどうかで決まるのです。

条件が変化した場合、選択はどう変わるか

　ここで、様々な条件が変化した場合に、最適な行動がどのように変わ
るかをみていきましょう。これを比較静学といいます。

（1）保育の質の変化
　今まで一定とおいていた保育の質が変化した場合を考えましょう。例
えば、大規模化等により保育の質SからS'へと低下したとしましょう。

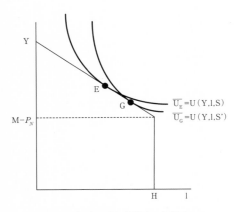

$\overline{U_E}=U(Y,l,S)$
$\overline{U_G}=U(Y,l,S')$

図11　保育の質が低下した場合

これは、先の保育を利用しない場合と同様に無差別曲線の傾きが急になるような変化を起こすと考えられます。つまり保育の質が下がったことにより、子どもを預けて就労することへの不安が強まるため、余暇を減らし就労を増やしたときの効用の減少分が大きくなり、埋め合わせに必要な所得も多くなるでしょう。

その場合の均衡点の変化を図示してみますと、図11におけるEからGへの変化で表されます。

　つまり、保育の質の低下は、保育を利用する場合には就労時間を縮める効果を持ちます。また、効用も保育の質の低下により下がっています。また、効用が下がることによって、留保効用、つまり保育を利用しない場合の効用よりも下回る場合が出てくるでしょう。そのような場合には預けることをやめてしまいます。よって、保育の質の低下は、保育を利用する人数を減らし、保育を利用する場合にも就労時間を減らして、子どもを保育に預ける時間を減らすと予想されます。

　逆に保育の質の上昇は、保育利用人数、利用時間ともに増やす効果をもつと考えられます。以上のように、保育の質は、保護者の就労の有無や就労時間の選択に大きな影響をもたらすと考えられます。

（2）利用料の変化

　利用料の変化がもたらす影響を見てみましょう。例えば利用料P_NがP'_Nまで上昇した場合を考えましょう。利用料の上昇は予算制約線を下にシフトさせる影響をもたらします。

　均衡点はEからJに変化し、余暇が減少し、就労時間が増加することがわかります。これは、利用料の上昇が所得の減少をもたらし、余暇に比べて相対的に所得が貴重になるため、余暇を減らして所得を増やそうとすると考えられるからです[1]。また、この場合利用料の上昇により、効用は低下しています。それにより留保効用の方が高くなるケースも増えるため、学童保育を選ばない人も増えると予想されます。もう少し簡単に言い換えますと、保育料の上昇は、保育サービスを利用することを選択した保護者にとっては、高い利用料の元を取ろうとすることになり

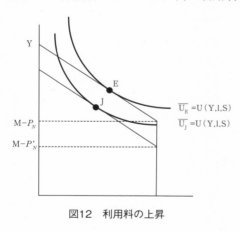

図12　利用料の上昇

ます。そのため、預ける時間を増やして所得を稼ぎます。また、高いなら保育料の節約のため留守番をさせよう、もしくは、高い利用料なら働かずに保育料を節約し、子どもと一緒にいようという選択をする保護者も増えるだろうということです。

　結果的に、保育料の上昇

---

[1]　余暇が正常財である場合このようになります。正常財とは所得の増加とともに需要量が増加する財です。

は、学童保育の利用者を減少させるとともに、引き続き利用する保護者の預ける時間を増加させることになるでしょう。逆に、保育料の減少は学童保育の利用者の増加と、預ける時間帯の減少をもたらすと考えられます。

（3）質と保育料の同時変化

　今度は、学童保育の質の上昇とともに、保育料の上昇が生じた場合を考えます。（1）の効果（ここでは質の上昇）と（2）の効果が同時に生じるのですから、足し合わせるとよいと考えられます。そのため、

　　　　質の上昇　　　⇒　保育時間の上昇　と　保育利用人数の増加
　　　　保育料の上昇　⇒　保育時間の上昇　と　保育利用人数の減少

を合わせたものがその効果となると予想されます。結果、質の上昇とともに保育料の上昇が起きた場合には、保育時間の増加が生じますが、保育利用人数に関しては、どちらの効果が強いかによって異なると考えられます。総合して保育に対する効用が高まった場合には利用人数は増加し、効用が低くなった場合には利用人数は減少することになります。

（4）保育時間の制限について

　最後に、閉設時間について、この分析を用いた議論を簡単に紹介しましょう。現在の公設の「ひまわりクラブ」の閉設時間は午後6時30分です。過去は午後5時までの時代もありましたが、制度が充実するにしたがって閉設時間が延びてきたという経緯があります。しかしながら、保育園では午後7時閉設の場合も多く、小学校に上がってから、迎えの時間に苦慮する保護者も少なくありません。例えば、帰りが6時半に間に合わないという日には、子どもを一人にさせないように塾や習い事に行

かせやりくりをしたり、閉設時間間際まで子どもをひまわりクラブに預けてから、児童のみで帰宅させ、保護者の帰宅まで家で留守番をさせるという方法を取る保護者も実際に存在しています。閉設時間よりも迎えが遅くなる場合の対処は、保護者にとっても児童にとっても、金銭面・安全面からいっても深刻な問題となるのです。

　閉設時間延長の要望は、過去保護者からも出されていますが、対する新潟市の回答は「児童の健全育成上、閉設時間の延長は望ましくない」という方針です。閉設時間延長によって、保護者の迎えが遅くなり、児童が家庭で過ごす時間が削られるのは望ましくないというものです。

　この市の方針ももっともであると思われます。しかし、その結果、大変な不便を強いられる保護者や児童も存在します。

　両者の立場を尊重するような改善策はないのでしょうか。一つの方法としては、閉設時間を延長はするが、その際に時間あたりの追加料金を取るという方法が挙げられます。ある時間以上の保育を希望する場合に追加の保育料を取る状態を図示してみましょう。

　図13は、点Bよりも就労時間を増やすと、つまり子どもを保育に預けると、時間当たりの追加料金pがかかる場合を示しています。今までの保育料は月当たりの固定料金でしたが、時間当たりの追加保育料がかかりますので、B点よりも左側では、就労時間を一時間

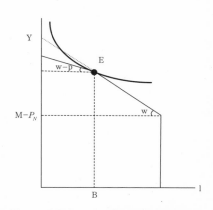

図13　時間当たりの延長保育料を徴収する場合

増やしたときの収入の増加は賃金wではなく、w−pとなるのです。そのため、予算制約線の傾きが点Bの左側で変化し、緩やかになります。

　このように予算制約線が屈折した形状になった場合、もし閉設時間を延長しても、点Bの左側を選択する場合は少なくなり、ちょうど点E上を選択するように促されます。これは、点Bを超えて働いても、追加保育料の増加によって手取りの所得の増加が抑えられるため、それ以上労働をする誘因が減少するからです。そのため、保育時間を延長しつつ、追加保育料を賦課することは、延長保育を切実に希望している保護者や児童にサービスを提供することができるうえに、それほど必要性の高くない保護者や児童の保育の長時間化を是正することができるのです。

　この延長保育料方式は、現在新潟市の保育所で採用されています。学童保育でも導入を検討してもよい制度ではないかと考えます。

　以上のように学童保育の選択に関して単純なモデル化を行いました。この分析で得られた結果はいくつかありますが、その中で注目したいのは学童保育の質が保護者の余暇の価値に影響を及ぼす場合には、学童保育の質の高低が、保護者の学童保育利用の選択や保育時間、ひいては就労時間に大きな影響を及ぼすことです。次章では、保護者がどのように現在の放課後児童クラブの状況を評価しているかを見ることにより、現在の保育に求められている質にあたる部分を考えていきましょう。

第4章　新潟市の放課後児童クラブ調査

　実際、新潟市の放課後児童クラブに通う児童たちはどのような生活を
し、保護者は放課後児童クラブの状況をどのように感じているのでしょ
うか。長谷川ゼミでは、11の放課後児童クラブを見学するとともに、指
導員への聞きとり・保護者へのアンケート調査を行いました。調査した
のは新潟市内の「ひまわりクラブ」と民営のクラブです。規模や設置状
況によっての違いをみるために、20〜70人までの規模のクラブが七つ、
71〜99人のクラブが二つ、100人超のクラブが二つと、様々な規模のも
のを取り上げました。設置場所はまた学校内スペースを使ったものが一
つ、学校敷地内施設四つ、学校外施設が六つという内訳になっています。
それぞれのクラブに在籍する保護者全員にアンケート用紙を配布しまし
た。370あまりの回答が寄せられ、回収率は6割を超えました。

　まず、アンケート調査の主な結果に関する単純集計をみていきましょ
う。ここで使ういくつかの分析や記述は、ゼミの学生たちによる分析も
含まれています。

　まず通っている児童の学年の分布です。1年生が多くの割合を占め、
その後2年生・3年生と上がるたびに人数割合が減っていきます。しか
し4年生以上が1割弱在籍しています。これは、今回の調査の対象が6
年生まで在籍可能な民間の施設も含まれていることによります。ひまわ
りクラブのみでみると結果は表4のように変わり、ほとんど4年生以上
は在籍していないことになります。

表4　児童の学年別分布割合（％）

	1年生	2年生	3年生	4年生
民間とひまわりクラブ	42	31	18	9
ひまわりクラブのみ	49	30	20	1

次に学童保育の利用頻度と利用時間を見てみましょう。

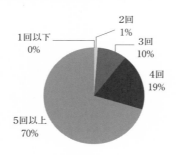

図14　利用回数

　多くの児童が週5回以上利用しており、平日はほぼ毎日放課後児童ク
ラブを利用し、保護者の就業に合わせて、放課後の多くの時間をクラブ
で過ごしていることがうかがえます。図15で保護者が迎えにくる時間を
見てみましょう。お迎えの時間は午後5時台、6時～6時半の時間帯が
一番多いですが、6時半以降の迎えの割合も少なくはありません。これ
は民間の施設が7時まで開設していることもありますが、ひまわりクラ
ブでも、迎えが間に合わず、6時半を過ぎると回答する保護者もいまし
た。なお、一人帰りとは多くは4時半や5時などの決まった時間に一人
で、もしくは集団でクラブから下校する帰り方です。
　この閉設時間が妥当かどうかについては、8割の保護者は妥当である
と答えていますが、2割の保護者は早過ぎると回答しています。その保

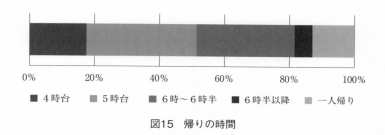

図15　帰りの時間

護者に聞く理想の時間は午後7時から7時半が多く見られました。

　次に、クラブの設備や環境等について聞いた結果を紹介していきましょう。施設の広さについては、広い・妥当であると答えた保護者は47％の一方、狭く感じると答えた保護者が53％と、半数の保護者が狭いと感じています。設置に関して面積や付属施設に最低基準が存在する認可保育所と比較すると、部屋数が少なく、保育園の園庭やホールにあたる場所がないクラブもあるうえに、子どもの体は大きくなっていることが保護者には狭く映ると考えられます。ひまわりクラブのみの結果を見ると、この比率はより「狭く感じる」に偏ります。

　次に施設の安全性について保護者が感じている結果は図16のようになり、施設によって大きく結果が異なりました。古い建物で運営されているクラブに関しては耐震性に不安を覚える保護者が多いようですが、耐震の診断が行われていないため情報がないと回答をしているようです。また、学童保育の専用施設ではないところを使用しているクラブに関しては、建物が目的外であるため、死角が多い等、日常の使用に関して安全面の不安を覚える保護者もいました。

　次は利用料についての結果になります。ところで、利用料について少し解説が必要でしょう。新潟市のひまわりクラブは表5のように所得に

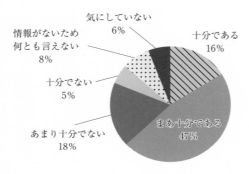

図16　安全性に対する評価

よる利用料の減免があります。前年度の市民税の支払額により利用料を算定する仕組みとなっています。

　ただ、実際にひまわりクラブに支払うのは利用料だけではありません。クラブ活動費と呼ばれる、おやつ代等を含む代金を別途毎月支払います。実際に支払うのは利用料に2,000円の活動費を加えたものになります。図17を見る限り、利用料の減免を受けている保護者は多いことがわかります。また、利用料に対する評価は妥当であるという答えが4分の3強の割合を占め、所得による減免措置はそれなりに有効に働いていると考えられます。

　また、アンケートでは、子どもたちがクラブで通常どのように過ごしているかも知るため、児童が通常クラブでしている遊びを三つまで挙げてもらい、その傾向をみました。アンケートの回答票をみると、読書、トランプ、ボードゲーム、ままごと、ブロック遊び、工作、ピアノ、ボール遊び、虫捕り、鬼ごっこ、一輪車、縄跳びなど、ここに挙げたのはほんの一例で、予想以上に個人・少人数での遊びから、集団遊びまで、

表5　利用料算定基準（2012年度）

区　　分	減免基準	月額利用料
生活保護世帯	全額免除	0円
市民税非課税世帯	2/3免除	2,300円
市民税所得割額10,000円以下世帯	1/2免除	3,540円
市民税所得割額10,000円以上235,000円未満世帯	1/3免除	4,600円
市民税所得割額235,000円以上世帯	―	6,900円

様々な種類の遊びが寄せられました。その遊びを「おとなしい遊び」と
「体を動かす遊び」の二種類に区分して傾向をみると、おとなしい遊び
の割合は62％、体を動かす遊びは38％となりました。おとなしい遊び
は、それほどスペースを使わず遊べるもので、先述のものだと、読書、
トランプ、ボードゲーム、ままごと、ブロック、工作、ピアノ等を含み、
体を動かす遊びとしては、ボール遊び、虫捕り、鬼ごっこ、一輪車、縄
跳びなどを含みました。このアンケートでは、費やした時間等は聞いて
いませんので、大まかな傾向しかわかりませんが、遊びは体を動かす遊
びもバランスよく取り入れていることがわかります。施設ごとの集計を
みても、施設によりばらつきがありますが、ほぼ全ての施設において体
を動かす遊びも取り入れていることが分かります。特に、今回調査した
中には、狭隘化により遊び場の確保が難しい施設も存在する中で、体を
動かす遊びを多く取り入れていることがわかりました。限られたスペー
スの中で、工夫しながら子どもたちを遊ばせていることが分かり、指導
員の努力がうかがえます。実際に施設を見学してみると、体を使う遊び
は、場所や時間を区切って順に遊ばせたり、広いスペースを必要とする
ドッジボールを、ボールを投げずに転がすルールに変えた「コロコロ
ドッジ」というものを取り入れ、限られたスペースで安全に楽しく遊べ

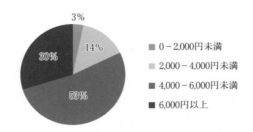

図17　利用料（ひまわりクラブのみ・活動費を除く）

るように工夫していました。

　その遊びを行う場所を聞くと、屋内が86％、屋外が13％、屋内・屋外両方での遊びが１％と、屋内が圧倒的に多いのがわかりました。各施設ごとの集計をみると、屋内・屋外の割合が約半数である施設から、屋外の割合が０の施設まで存在し、外遊びの場所を確保できていない施設が存在していることもわかります。保護者の満足度と遊びの場所は関連があることを後に示します。

　保護者は現在の学童保育について満足しているのでしょうか。その問いにはこのように答えています。
　満足度を見ると、満足している・まあ満足しているが８割を超え、放課後児童クラブは健全に機能しているように見えます。アンケート票には自由記述欄を設けてあり、そこで学童保育について感じることを自由に書いていただきました。それを見るとクラブがあるからこそ安心して働ける、また学童保育の中での様々な遊びや生活の経験を通して培われる社会性、異学年との交流への評価、またそのような過ごし方をさせて

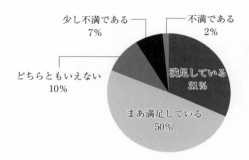

図18　総合的な満足度

表6　自由記述欄内容（複数回答可）

内　　容	総数	うち、ひまわり
家や学校では出来ないような様々な遊びや経験をさせてもらえる	71	40
友達ができる。異学年との交流ができる	52	40
安心して仕事ができる	51	38
施設に関する要望（狭い、学校から遠い、老朽化しているなど）	49	46
指導員に感謝している	36	30
4年生以上の保育を希望する	31	31

くれる指導員への感謝の言葉が目立ちます。家では得ることができない、さまざまな遊びの経験を通して、子どもを成長させるクラブの方針、指導員の能力を高く評価していることがうかがえます。表6には、自由記述欄で書かれたものを内容ごとに分類したうち、回答の多かったもののみを挙げました。

　また、満足度との相関を見たところ、他に有意に相関があるとされたのは、学校からの距離・安全性・広さ・閉設時間に対する評価・そして、子どもたちが楽しんでいると感じているかの評価でした。保護者はこれらのそれぞれの項目を総合的な保育の質の判断材料としていると考

えることができます。

　ただ、満足度に関して注意すべき点が二つあります。まず一つは、放課後児童クラブは継続するか退会するかは自由であり、月単位で入会・退会が可能であることです。前章の経済学的分析でも触れましたが、満足度が、学童保育を利用しない場合の満足度、つまり留保効用を下回る場合、保護者は学童保育の利用をやめる、つまりクラブを退会することができるのです。そのため、継続してクラブを利用している児童・保護者はそれなりの満足度（効用）をクラブの利用によって得ているはずであるということです。そのため、在籍している保護者のみに聞いているこのアンケートでは満足度は高く出ることになることが予想されます。

　また、施設によって満足度には差があることです。その差は何によって生じているのかは後ほど詳しくみていくことにし、まずは単純集計の結果のみ記述していきましょう。

　保護者には望ましい学童保育の形について聞きました。まず、何年生まで預けられるのが理想かという質問には6年生までという答えが一番多く、その次は4年生となります。その他にも、4年生以上であっても、長期休み期間中のみでも利用可能にしてほしい等の意見が多くみられました。

図19　何年生まで利用するのが理想的か

　実際に6年生まで預かっている、ある民間の施設では「高学年児童が低学年児童の面倒を見てくれて助かる」という指導員や保護者の意見がありました。この意見から、高学年まで預かるということは単に対象となる児童が増えて負担が増えるという訳ではなく、高学年児童が低学年児童の面倒をみることにより、指導員の負担を軽減する可能性があるということがいえます。

　今後の学童保育に一番強く求めるものを一つだけ選んでもらったのが図20のグラフです。

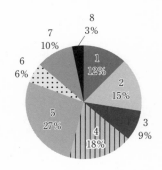

1．平日の閉設時間延長や休日保育を充実させた保育
2．利用料やクラブ活動費などの経済的負担を軽減した保育
3．適切な児童数の中での保育
4．十分な遊びの場を確保できる施設環境での保育
5．4年生以上でも預けることができる保育
6．塾・習い事などに対応した、能力育成の場も提供する保育
7．現状のままでよい
8．その他

図20　これからの学童保育に求めるもの

　この結果からみると、5の4年生以上でも預けることのできる保育が一番多く、保護者の多くが4年生になってから子どもを一人にすることに不安を感じていることがわかります。しかし、望ましい学童保育の在り方の回答は施設によって異なります。これから施設をグループ分けし、比較をしていきましょう。

満足度を分ける要因は何か

　先に、平均的に満足度は高いとはいえ、施設によって差があるとしました。その差が何によって生じているか、アンケート結果から推測していきましょう。満足度の高い施設と低い施設に分け、それぞれの施設の特徴を見ていきます。

　満足度の高いグループは満足している・ほぼ満足しているが8割を超えるもの、満足度の低いグループは6割から7割の値を取るものとなっております。どちらも満足度自体の値は高いのですが、相対的な差がどこから生じるのかを知るために分けています。

　当初、学生たちは新潟市の放課後児童クラブの問題点は大規模化であると仮定し、人数が大きいところほど、満足度が低くなるのではと予想していました。しかし、71人以上の大人数の施設でも満足度が高いところもありました。満足度が比較的低いグループは、人数が多いところもありましたが、適正人数のところも複数あったのです。つまり、人数そのものが満足度を直接左右するものではなかったようです。

　そこで、施設見学に行った様子や聞き取り調査、そしてアンケート調査から、各施設の共通点を探しました。すると、それぞれの施設は立地条件や規模・人数等がそれぞれ異なっていましたが、外遊び・室内遊び

のバランスが大きく偏り、満足度の低い施設はほぼ室内のみであることがわかりました。また指導員に聞き取りをした際に、立地の関係上や、保育の都合上、外遊びが難しいという話を得ている施設でした。つまり、比較的満足度が低い施設の共通点は遊ぶ場所が偏っており、外遊びができないなど、思い切り体を動かす場所がないことだったのです。

　あるクラブの例を挙げましょう。比較的新しいこのクラブは、分割し新設されたクラブですので、一人当たり面積も３平方メートル超とガイドライン上最低限とされている1.65平方メートルを優に超しています。旧クラブもガイドラインを満たしていますが、それよりも面積は広く、施設自体は恵まれています。見学をしても、旧クラブの方が狭く、遊びが限られる印象を持ちました。しかし、満足度は旧クラブよりも低かったのです。これは、旧クラブは学校の体育館を週２〜３日使用できるのに対し、新クラブはグラウンド等の施設を使うことができず、もっぱらクラブの室内だけで過ごすためであると考えられます。自由記述欄には保護者の「グラウンドや体育館を使いたい」という希望が多く書かれていました。

　望ましい学童保育のあり方を聞いた問いでも、その傾向を確認することができます。今後の学童保育に求めるものの質問において「４年生以上も預けられる保育」を選択した保護者の満足度を数量化した平均値と、「十分な遊び場を確保できる施設環境を求める」を選択した保護者の満足度の平均値は有意に差があり、後者の方が低くなっています。望ましいこれからの学童保育に関しては、その結果から推測すると、まずは今の子どもたちがのびのびと過ごせる環境をつくってほしい、それがある程度満たされると、より長い保育を希望するように要望も変化するのだと考えられます。これは経済モデルで考えた学童保育の質と利用す

50

るかどうかの選択の結果と整合的だと考えられます。

　しかし、残念なことに、連絡協議会の方や指導員の先生に伺うと、外遊びが減っている環境にあるようです。一つには、人数が多くなったこと等により移動を伴う外遊びが難しくなったこと。もう一つは、けがのリスクを防ぐため、けがをしやすい環境になる外遊びを避ける傾向があることだそうです。実際、外遊びをさせるのは児童の人数にかかわらず、指導員にとっては負担になり、リスクが増えるのは確かです。特に遊ばせる場所が保育場所から離れていると、室内で遊ぶ児童や保護者の迎えのためにクラブ内に指導員を配置することから、遊び場に配置する指導員の数は少なくなることになるでしょう。しかし、柵などで囲われていない室外の遊び場ですと、指導員が目を配らねばならない範囲は大変大きくなります。例えば、少人数のクラブで、指導員が2人配置の場合を考えてみましょう。クラブ内に1人が残るとすると、結局1人のみが外遊びにつくことになりますが、途中、児童がクラブに戻るときなど、付き添いが必要になるときには指導員の手が足りません。児童から目を離すことがない、安全を確保するような保育を求めると、2人では離れた公園等に児童を行かせるのは困難になるのです。

アンケートからみる父母会の役割

　最後に父母会の貢献についてうかがい知ることのできる結果を紹介しましょう。アンケートでは、「施設に対する在籍児童の人数」についての質問をしています。図21でみるとおり、これに対する答えの分布は父母会が存在する施設のグループと存在しないグループで異なります。実は、ただ広さに対する評価のみを聞いた質問と違い、この質問に答える

のはそう簡単ではありません。それは、施設に在籍児童がそろっている
状況を見る経験が判断には必要でありますが、迎えの時間によってはそ
の状況を見ることができないこと、また人数と施設の広さのバランスが
取れているのかどうかの判断は、保護者には難しいからです。そのた
め、『判断できない』という選択肢を選ぶ保護者も少なくありません。
しかし、父母会が存在している施設においてはその割合が少なくなって
いることがわかります。

　この結果から想像すると、父母会があるところは、施設の現状が把握
できており、なおかつその現状を父母間で共有ができているのではない
かということです。もちろん、施設の現状が悪いために、何とかしよう
ということで父母会ができたという可能性も考慮する必要はあるでしょ
う。しかし、今回調査したクラブの父母会は、どれも歴史が古いところ
であり、大規模化や狭隘化が問題になる前の時期から存在していたもの
です。そのため、父母会があることによってクラブの問題を共有できて
いると考えた方が自然でしょう。近年、父母会のないクラブや、父母会
活動の負担から父母会を解散するクラブが多くなっています。保護者と

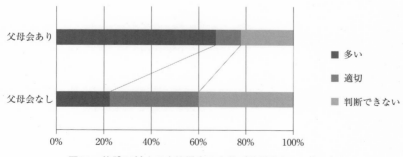

図21　施設に対する在籍児童の人数（父母会あり・なし）

指導員による共同保育の時代と、条例化され市が提供してくれる現在を
比較すると、状況が大きく変わり、父母会の存在意義が以前より薄れて
いるのかもしれません。しかし、父母会がないクラブでは、状況の把握
や問題意識が個人レベルにとどまってしまう可能性があることを示唆し
ていると考えられます。

第5章　ある放課後児童クラブの取り組み

　ここで、新潟市秋葉区にある放課後児童クラブの取り組みを挙げてみましょう。先の章で紹介したアンケートは、比較のために秋葉区にある民営のクラブにも配布しました。それぞれのクラブは学校から離れた場所にある、人数が多いなど、当初、学生たちが保護者の満足度に不利であると考えていた条件を持つクラブでありながら、保護者の満足度は大変高いものであったのです。どのような取り組みを行っているのでしょうか。

　秋葉区は、NPO法人による民設民営の施設が複数存在しているという点で、新潟市の他地区と少々異なっています。そのNPO法人「ディンプルアイランド」が運営する放課後児童クラブの調査に伺いました。「ディンプルアイランド」の創設は2004年です。理事長の佐々木美佳子さんが、放課後児童クラブの運営を始めたのは、そもそも自分の子どもを預けるクラブが校区に当時存在していなかったことからです。保育士として働いてきた佐々木さんが、それなら自分で運営しようと、自宅を改造して保育を始めたのが、放課後児童クラブ「バンブーキッズ」の始まりでした。順調に児童が増え、学童保育に対するニーズの高さを感じていたころ、ご自身の妊娠がわかり、安定した運営を行うためにNPO法人を立ち上げたということです。その後、旧新津市が新潟市と合併するにあたり、新津市に存在していた放課後児童クラブを公設の「ひまわりクラブ」に移行するかどうかの選択が行われました。その際、原則3年生までの保育である「ひまわりクラブ」ではなく6年生までを対象とする民営を選択したのが「あおぞらクラブ」と「キッズクラブ」です。

この二つのクラブの運営を引き継ぎ、現在は新設の「きっずぽーと」の一つを含む四つの放課後児童クラブを運営しています。

これらのクラブの特徴は、１年生から６年生までの児童を預けることができること、そして、開設時間、閉設時間がそれぞれ、公設のクラブよりも30分前後ずらした午前７時半〜午後７時までになっていることでしょう。

その中の「あおぞらクラブ」は、かつてドラッグストアだった建物を利用し運営をしています。23年11月時点で在籍児童が150人ほどのマンモスクラブです。内訳は３年生までが120人程度、４年生以上が30人程度でした。その児童たちを８人のスタッフで保育しています。これだけの人数でありながら、保護者の満足度の高い保育を行っているクラブの保育の様子を簡単ではありますが、見ていきましょう。

広い建物の中は事務所以外の部分を大きく二つに区切っています。片方は座卓とソファー、本棚が並び、勉強や読書を行うスペース、もう片方はおやつのスペース、ブロック・積み木や、他の体を動かす遊びをするスペースが設けられています。また、二つに区切っていますが、事務室側はつながっており、その付近では全体が見渡せるようになっていて、できるだけ死角をなくすような構造になっています。子どもたちは、下校時間になると、ばらばらとやってきます。玄関から上がった入り口付近には、学年ごとに名簿が置かれていて、自分たちの来所時刻を記入します。その後、おやつスペースでおやつを食べ、学習スペースに向かい、宿題を行います。一通り、宿題が終わった子どもたちは思い思いの遊びを始めますが、所定の時間になると学年ごとに分かれて順番にダンスのレッスンを受け、体を動かします。

天気の良い日には建物前の外のスペースでも遊びます。前には道路も

あり、広いスペースではありませんが、飛び出しなどを誘発しない、安全に遊べる外遊びの道具が用意されています。

　この中で、大規模保育の中でも質を保つ、様々な工夫が見られました。いくつか例を挙げてみましょう。

・それぞれのスペースに職員を満遍なく配置し、子どもの様子を見られるようにする。

　例えば、入り口付近に職員が一人張り付いています。子どもたち一人一人に声をかけながら、また、雨の日はタオルを手にして子どもたちの体やランドセルをふきながら、来所や帰宅の有無や子どもの状況を把握します。また子どもたちにその場で来所時刻を書かせる習慣をつけることで、職員の負担を減らしつつ、子どもに、自分のことは自分で行うという規律づけの一環になっていると考えられます。

・学年の違い・来所時刻の違いを利用しながら、大規模でありつつも小グループ化を図っている。

　100人を超える児童がいますが、子どもたちは下校時刻が学年で異なることから、分かれてやってきます。そのため、下校してからの流れを作っていることで、おやつを食べるグループ、宿題を済ますグループ、遊びを始めるグループというように、ゆるやかなグループ分けが自然とできています。また、ダンスのレッスン等を学年ごとで行うことにより、集中を避け、それぞれの領域に児童たちが分かれて生活するような工夫ができていると考えられます。

・ダンスのレッスンを導入することで、限られたスペース内で体を動かすことを可能にしている。

　旧店舗だった建物は、それなりの広さをもち、生活スペースとしての面積は十分確保されていますが、鬼ごっこなどの駆け回るダイナミック

な遊びには、適していません。その中で、安全に体を使った運動として
のダンスは有効であると考えられます。40人程度の子どもたちが一度に
ダンスをする場合でも、そろった動きをするため、それほど大きなス
ペースを必要とするわけではありません。ダンスを教えられるスタッフ
が、飽きさせないように指導を行い、子どもたちも楽しんで取り組んで
いました。このダンスは、老人ホーム慰問等で披露するということで
した。

　その他にも、長期休暇期間中など、長時間保育になる日には学校と積
極的に連携し、高い頻度で体育館を使用する。また代休などはボラン
ティア等の外部の人々の協力を仰ぎながら遠足やプールに行くなど、大
規模では難しいと思われる移動を伴う保育も行っています。このネット
ワークを活用し、外部の設備・人材を積極的に活用した保育を行うのも
大きな特徴だと考えられます。

　また、学生が興味をもった方針は、どれだけ大人数であったとしても、
飲み物のカップは陶器のものを使っているということでした。もちろん
陶器なので、手荒に扱うと割れます。割ってしまったことは、その児童
にとって約束ごとはちゃんと守る、その場の状況に適した行動をとらね
ばならないということを学ぶ経験の一つとなるでしょう。のびのびと過
ごさせながら、ルールも重視する、めりはりの利いた保育を行っている
ことを感じさせる方針でした。

　また、保護者に保育方針や保育の様子を知ってもらうために、休日に
保護者会の一環として保護者も楽しめるイベントを行っているというこ
とです。新１年生が入ってくる４月にはお買い物ごっこなど、保護者の
出席率の高いイベントを用意し、親睦を深め、保育方針等に対する理解
の共有を行っているということでした。

　この「ディンプルアイランド」が運営する放課後児童クラブで一番新しい「きっずぽーと」は地元の食品スーパーの一角を使用して運営している大変珍しいケースです。新興住宅地が並ぶこの地区は結小学校というマンモス小学校の校区であり、先に紹介した「あおぞらクラブ」がその校区での放課後児童クラブでした。しかし、児童数の増加から、小学校が新設されることになりました。それに伴い、保護者から新小学校でも放課後児童クラブを作ってほしいという要望があげられ、保護者の有志により「新小学校に放課後児童クラブを立ち上げる会」が作られました。運営形態等についても公設の「ひまわりクラブ」か、民設か何度も議論を重ねたということです。公設だと、学校敷地内への設置が可能であったり、利用料が安いという利点があります。一方、民営だと、6年生まで預けられることや、保育時間の長さ、「あおぞらクラブ」で培った保育内容への信頼という利点が挙げられます。それぞれの支持がある中で、保護者へのアンケートを実施しました。その結果、放課後児童クラブの運営を「ディンプルアイランド」に任せたいとの保護者の意思がまとまったのが2009年6月でした。その保護者の選択に動かされ、佐々木さんは放課後児童クラブの開設に向けて動き出したということです。そこで場所探しをしているときに、ちょうどスーパーの「ウオエイ荻川店」が改装に伴い、販売スペースに空きが出ることを知り、その空きスペースを放課後児童クラブに使用できないかとウオエイ側と交渉しました。将来を担う子どもの育成に対する思いを共有したウオエイと合意に至り、スーパーに併設された放課後児童クラブが誕生するに至ったのです。完成したのは10年3月下旬でした。その時点でのクラブがすでに飽和状態であったことから新小学校の開校1年前に前倒しして、開所したことになります。

　ウオエイ荻川店に向かうと、「きっずぽーと」が見えてきます。外の遊び場を確保するため、駐車場の一角を屋外スペースとしています。背は高いですが、圧迫感・閉塞感を感じさせないようなメッシュの白いフェンスで区切り、十分な安全性を確保しています。

　中に入ると、「あおぞらキッズ」と同様に、背の高い間仕切りを設けています。この間仕切りによって、読書・宿題などを行う児童と元気に遊ぶ子どものそれぞれの過ごし方を尊重することができるとともに、完全に別部屋にはなっていませんので、双方の子どもの様子を見ることができるようになっています。

　以上のように、「ディンプルアイランド」は、民営ならではのフットワークの良さと柔軟な姿勢で放課後児童クラブの運営にあたり、制度や資金、場所等の様々な制約の中でも、保護者のニーズに応えた満足度の高い保育を実践していると考えられます。また、「ウオエイ」でのクラブ設立でも見られるように、地元のネットワークを生かした運営をしているのも特徴でしょう。

第6章　見えてきた課題

　以上のように新潟市の学童保育施設におけるアンケート結果や、指導員の先生・学童保育連絡協議会のスタッフの方から伺った話、また施設を見学した結果から見えてきた課題を挙げてみましょう。

（1）公設の放課後児童クラブは地域によって差が大きい。

（2）小学校との連携が不十分である可能性がある。

（3）個々の放課後児童クラブの状況把握が不十分である可能性がある。

　順にみていきましょう。

（1）先の章で、放課後児童クラブには地域差が大きいと述べました。新潟市内の放課後児童クラブは、保育料や開設時間を同じ水準に設定していますし、入所手続きや入所基準は同じ、また正規の指導員は数年ごとに異動がありますので保育内容の平準化を図られるはずです。しかしながら、どのクラブに通うかによって、内容に大きな差が出ているようです。施設の見学や指導員への聞き取り、保護者へのアンケート内容から推測するに、それは主に、立地条件・施設内外の環境や人数・一人当たり面積等の外部環境だと考えられます。多くの指導員は、施設内外や人数の制約の中で、高い保育の質を得られるように工夫しています。それは、特に室内遊びに関して、様々な昔遊びやブロック等の道具を使う遊びであったり、手芸・工作であったりと、自宅では体験できないような数多くのバリエーションの遊びを用意し、子どもたちに紹介していること、集団遊びや異学年の交流を重視した保育を行っていることからう

かがいしれます。このことは、保護者も大変よく理解し、評価していることがアンケートからもわかります。しかし、特に外遊びに関しては、その施設の児童の人数や指導員の人数、環境の制約に大きく依存するため、結果として現場の指導員の努力のみでは解決できない内容の差をもたらし、この施設による差が保護者の満足度を下げていると考えられます。

　また、そもそも放課後児童クラブが設置されていない校区もいまだ存在します。ニーズがない訳ではなく、ニーズが設置基準に満たないからないのです。そのため保護者は、保育園から小学校に子どもが上がった際、就労をあきらめるか、遠い学区外の放課後児童クラブのある小学校に通わせるかの選択をしなくてはなりません。後ほどまた説明しますが、これこそ地域差の表れであり解決しなくてはいけない問題でしょう。

　（2）施設内外の環境、特に体を動かすことのできるスペースの確保は実際のところ、市の財政が厳しい現在の状況において新たに確保するのは大変困難であると考えることができるでしょう。その中で有効な方法として考えられるのは小学校の活用です。「放課後児童クラブガイドライン」には、学校との連携を積極的に図ること、という内容が記載されていますし、「放課後子どもプランを策定したのは、放課後児童クラブや、放課後子どもスクールを一体もしくは連携して運営し、放課後対策を強化するためです。しかし、現時点で、小学校と「放課後児童クラブ」の連携ができているかについては疑問が残ります。いくつか、例を挙げてみましょう。ある放課後児童クラブは、津波対策として小学校の屋上を避難場所に決めましたが、実際には立ち入ったことがないため、

2011年の調査時にはこの避難訓練を行っていませんでした。また、他の
クラブでは小学校敷地内にクラブがありますが、学校からは小学校内駐
車場の使用を許可されず、保護者は駐車場がないため、迎えに大変苦労
するというケースもあるということです。また、学校の近くや学校敷地
内に建設されているにも関わらず、学校施設を使わずまったく独立した
活動を行うクラブも数多くあります。もちろん、下校時間の連絡や代休
日等の児童の登園時刻に関する連絡・提携はどの小学校やクラブ間でも
行っています。しかし、より突っ込んだ放課後対策としての連携はまだ
まだ進んでおらず、これからの課題でしょう。

　諸外国でも学童保育にあたるものは存在し、日本よりも充実していま
す。例えば、フランスでは、余暇センターという取り組みがあり、17歳
までの子どもに余暇を提供する場所となっています。その余暇センター
の指導員の配置は6歳以上の子ども12人に対して一人と定められていま
す。その余暇センターの指導員は専門機関で教育を受け、指導員の資格
（国家資格）を授与されます。スウェーデンは12歳までの子どもが学童
保育を利用できるように自治体が提供する義務があると定められていま
す。またドイツでは14歳未満の子どもは学童保育を利用できることが法
律に明記されているのです。それらの国、つまり放課後対策が充実して
いる国は放課後を重要な人格形成や能力向上の場と積極的にとらえてい
るのです。

　諸外国の制度と日本を比較したときに、大きく異なるのは、諸外国で
は「教育」と「福祉」が一体的に議論され、その中で「放課後」が果た
す役割が捉えられているのに対して、日本では、放課後のことはもっぱ
ら福祉として厚生労働省が管轄し、学業は文部科学省の管轄であり、教
育と福祉が分断されてしまった結果、統合して議論されてこなかったこ

とが挙げられます。この垣根を取り払うのが「放課後こどもプラン」であると願いますが、今のところ、「放課後こどもプラン」のスタンスは子どもの安全な居場所づくりの確保であり、そこに、教育福祉面からの切り口は薄いように思います。しかし、「放課後子ども教室」は主に施設は学校を使うことから、「放課後こどもプラン」の実施により、学校も放課後の過ごし方に関わってくることになります。その中で、放課後が人間形成に与える役割を重視した視点から「放課後児童クラブ」とも連携をとり、学校とクラブの役割分担、施設の有効活用、子どもたちの様子についての情報交換を行っていくのが理想的であろうと思います。

　今後の連携が成功するか否か、筆者がキーになるだろうと考えているのは、PTA等の保護者の力です。放課後子どもクラブも、放課後子ども教室も、国は一体化・連携していくことを推進していますが、そもそもの組織が異なるため、連携が進んでいるところはまだそう多くはありません。しかし、児童・保護者は小学校はもちろん、放課後児童クラブ・子ども教室の両方に関わることで、状況を知ることが可能になります。特に大規模化が進んでいるようなクラブに関しては、小学校に入学する児童の過半数近くが放課後子どもクラブを利用している場合も多々あります。しかし、PTAはあくまでも活動内容が学校の活動に限られるところが多いようです。PTAの活動の中で、子どもたちの放課後の過ごし方についても一緒に考える土壌ができてくると、学校と放課後児童クラブの連携にもプラスに働くのではないでしょうか。

（3）新潟市内には2012年度時点で101のひまわりクラブが存在し、それぞれのクラブが多様な環境の中で、運営されています。保育環境として不十分な施設に関しては、順次分割や移転が行われていますが、その

　環境の把握が不十分だと考えられます。現在、施設自体を分割・移転す
る基準として市は総合的に判断をするとしていますが、分割や新設をし
た放課後児童クラブの状況から推測するに、人数と一人当たり面積が大
きな判断材料になっていると考えられます。しかし、アンケート結果か
らみるように、保護者が求めているのは「十分な遊び場を確保してほし
い」という意見でした。もちろん、狭い・人数が多いということは十分
な遊び場を確保することを阻害する要因の一つではありますが、それだ
けではありません。人数が望ましい規模であったとしても、子どもの安
全な遊び場を確保できなくては、満足度の高い保育を実践することはで
きません。特に、一人当り面積を基準に見る場合、人数が少なく、一人
当り面積が基準を満たしていたとしても、その建物自体の面積が小さい
ことになりますから、子どもが体を動かして遊ぶ機会がどうしても減っ
てしまいます。また人数が少ないと、先にも挙げましたが配置される指
導員の人数が少ないため、外に連れ出す人出が足りない、また状況を改
善してほしいと要望しても人数からみると理想的な規模だからと受け入
れてもらえないのです。
　このように、保護者が放課後児童クラブに対して求める要望は「安全
で、かつのびのびと遊べる場所としての放課後児童クラブ」です。それ
にクラブが応えられているだろうかというチェックを行っていく必要が
あるでしょう。そのチェックは人数や一人当たり面積ももちろん大事で
す。特に過去に市が分割を行ってきたクラブは一人当たり面積がガイド
ラインを下回ったところだという記述が、新潟市保育連絡協議会の保有
する新潟市と保育連絡協議会の懇談会の記録にあります。この値は相当
低く、室内でおとなしく遊ぶとしても、圧迫感を感じるほどであり、遊
び場自体の確保が難しい状況でしょう。しかし、言い換えるなら、そこ

まで劣悪な状況にならないと改善しないという方針であるということであり、今までは保育の質以前の最低限の環境整備のみにとどまっていたのではないかと考えられます。しかし、学童保育は子どもたちにとって、ただ就労している保護者が迎えに来るのを待つだけの場所ではなく、子どもの成長に大きな役割を果たす場所であります。より高い保育の質を目指すなら、一人当たり面積が確保されたうえで、バランスよく遊べる環境にあるかどうか等のより総合的な指標を使って施設の評価・改善を行っていく必要があるのではないでしょうか。

大規模化について

　なお、大規模化については、補足すべきことがあります。先のアンケートでは、人数そのものが有意に保護者の満足度に影響を与えることはありませんでした。だからといって、大規模化をそのまま肯定するわけではありません。

　まず、第一に、放課後児童クラブは、地区によって想像以上に様々でありましたが、調査クラブ数が少なかったことにより、個々の施設がもつ多様性の影響が大きく反映してしまっていることなどが考えられるからです。そのため、更なる調査が必要であると考えられます。また人数が与える影響を見るのであれば、同一施設を対象とし、時間をかけて調査し、人数の変化とともにどのように保育内容や満足度が変わっていくのかを見た方が良いでしょう。

　第二に、大規模化が進むと、それに合わせて施設が変わらない限り、施設の狭隘化が進み、遊びが制限されることになるはずです。その結果、保護者が望んでいた「遊び場の確保」が困難になることが予想され

ます。大規模化が肯定されるのは、それにあわせた柔軟な対応が必須の条件となるのです。

　第三には、見学や指導員からの聞き取り調査で得られたことの一つとして、大規模化が進むと、指導員の負担が重くなるということです。例えば、小学校と違い、放課後児童クラブは、児童によって利用する曜日、帰宅時間が異なります。指導員はそれを把握し、児童の出欠等を確認し、利用するはずなのに来ない児童の家庭に連絡を取るなどの措置をとりますが、大人数だとその把握のみで、かなりの事務作業になります。

　また遊びの時間にも、見守る対象が多いと、その分見落としが出る可能性が増えます。指導員の数を多くして一人当りの指導員が見る児童の数を減らしても、どの指導員の目も届かない児童が出てくるため、指導員は気を張った保育を常時行うことになります。また、学生の聞き取り調査の中で、大規模クラブから適正規模のクラブに異動した指導員から「落ち着いて保育をできるようになった」「一人ひとりの顔をみる保育ができるようになった」との声を複数聞くことができたように、適正規模は指導員にとっても重要な要因だと考えられます。

新潟市の取り組み

　新潟市は放課後児童クラブに対し、今現在、そして今後どのような取り組みを行っていくのでしょうか。新潟市は、子育て支援の包括的な施策として、次世代育成支援対策行動計画「すこやか未来アクションプラン」を策定しています。その中で仕事と家庭の両立支援の基本施策として「放課後児童健全育成の充実」が掲げられ、放課後児童クラブ整備・運営事業として公設のひまわりクラブの整備・運営を行うほか、民設や

幼稚園、10人に満たない小規模の放課後児童クラブの運営を助成すると記載されており、平成26年度の目標利用児童数を6,896人と見積もっています。

この施策のうち、運営助成とはどのようなものなのでしょうか。新潟市は民設民営の放課後児童クラブに対し、規模にかかわらず児童一人当り月額8,800円の補助を支給しています[2]。国庫補助の条件は10人以上の利用がある場合ですので、それよりも人数が少なくてもよいということになります。また、公設のひまわりクラブと同様に所得による利用料の減免を可能にするため、条件によっては減免した差額分を支給できるようになっており、民設のクラブが利用料の面でできるだけ不利にならないような仕組みになっています。

それでは、この仕組みはどのように役立っているのでしょうか。一つは、これからまだまだ増える見込みのクラブ利用児童数ですが、ひまわりクラブの新たな設置は財政の厳しい昨今、予算上難しいことが予想されます。そこで、既存の保育・教育施設を活用し、クラブを提供するのが有効な方法として挙げられます。児童数が多い地区において幼稚園や保育園での放課後児童クラブが運営されることによって、既存クラブの大規模化・狭隘化が緩和される効果があるでしょう。また、もう一つ経済学的な観点からみた利点があります。その校区内に既存のクラブがある中に新たに民営のクラブが設置されると、保護者には選択の余地が増えます。一小学校区に一つの放課後児童クラブというのは、実は経済学的にはそれほどいい状況ではありません。アンケートでの望ましい保育の形でもみたように、保護者や児童の嗜好は様々です。全ての希望がか

---

[2]　正確には5人以上の利用が条件となります。

　なう保育を実現するのは困難です。もし、校区の中で放課後児童クラブが複数設置され、選択ができるとすると、保護者は、放課後児童クラブを利用するかしないかだけではなく、どの放課後児童クラブを利用するかという選択をすることになります。より自分の嗜好に近いクラブを選択できることから、放課後児童クラブを利用することによって得られる満足度は高まりこそすれ減ることはありません。例えば、開設時間・預けられる学年・保育内容・一時預かり等に関して既存のクラブと異なる条件のクラブの設置があれば、保護者はそれぞれの需要に応じて選択することが可能になるでしょう。児童にとっても、通い慣れた幼稚園・保育園を引き続き利用できます。また、兄弟姉妹がまだ園に在園している場合に、保護者の迎えの手間が省けるなど、利点は多いのです。現在のところ、少数の幼稚園・保育園の協力によって提供されているのみですが、さらなる普及が望ましいと考えられます。

　また、民設のクラブへの補助金は、クラブが設置されていない空白校区へのクラブ設置を補助する効果を持ちます。2012年4月に北区の二つの小学校に放課後児童クラブが設置されました。こちらは公設のひまわりクラブではありません。新潟市の設置基準では利用児童数が40人以上であることが条件になりますが、小規模小学校であるため、この基準を満たせず、公設クラブの設置はできませんでした。そのため、保護者が運営することとなったのです。その際の運営費として、利用者からの保育料に加えて市からの補助金を使うことができるのです。

　ところで、この空白地帯があるのは、先の制度の部分でも述べましたが、自治体に設置義務がないことの表れです。前述のように新潟市は継続的に40人の利用が見込める場合を基準に設置をする方針を取っていますが、40人は少人数学区にとっては相当高いハードルです。就労する保

護者に代わって生活の場を与える学童保育はどこに居住していようと開かれているべきで、その観点からいくと少人数でも開設できるような基準であるべきでしょう。

　現在の制度は、市が設置することはできないが、開設するなら金銭的補助を行うということです。しかし、実際には開設・運営に関する負担が重く、設置に至るまでにはいかないようです。もともと、学童保育は大都市圏以外での民間の参入がなかなかありません。少人数学区では特にそうであるため、運営に関して素人といえる保護者が立ち上げざるを得ない状況になります。少人数学区では、この制度が今後浸透していくには、行政がどれだけ金銭的なサポートだけではなく、立ち上げや運営のサポートを積極的に行っていくかが重要になるでしょう。先に開設をしたケースでのノウハウを蓄積することによって、今後空白地域に開設を検討する場合の具体的な道筋を示すことができますし、運営のサポートをすることによって、同時に保育の質のチェックや向上が望めると考えられます。

参考文献

池本美香，2009，『子どもの放課後を考える　諸外国との比較でみる学童保育問題』，勁草書房．

全国学童保育連絡協議会，2011，『学童保育情報2011－2012』．

新潟市学童保育連絡協議会，2012，『2012　新潟市の学童保育』．

あとがき

　新潟市の学童保育について調べるきっかけとなったのは、筆者自身が子どもを放課後児童クラブに預けたことでした。子どもの保育場所としては設備や安全性に問題がある施設、あまりに多い児童数という学童保育の現状とともに、保護者として市と話をしたときの当時の現状のとらえ方のギャップに驚いたものです。これは、個別の施設の問題ではなく、学童保育の仕組み自体の問題でありそうだということで、「女性の経済学」をテーマとし、働く女性たちが直面する問題について調べていたゼミの学生たちと、学童保育について調査しようということになったのです。

　主に制度・政策面について調べた佐藤綾さん、吉野岬さん、大竹貴子さん、小林広大君、また、新潟市内のクラブのアンケート調査や聞き取り調査を行った、田村哲也君、菊池愛季さん、小森千奈津さん、沢田美菜絵さん、田口絵梨沙さん、野田一馬君、長谷川直美さん、星大生君の健闘があって、この本を書くことができたといっても過言ではありません。

　放課後児童クラブを利用していた経験がない学生たちが多かったため、まず、放課後児童クラブの見学を行い、実際に児童と過ごすなどをして、放課後児童クラブとはどのようなものなのかを知ることから始めたのですが、学生たちは一緒に遊びながら、施設環境の問題点や、その中でも様々な遊びをして楽しく過ごす児童、指導員の先生たちの状況を観察していました。学生ならではの新鮮な意見・率直な感想が今の学童保育の問題点を考えるのに大変参考になりました。

　その中で、学生たちは近年の利用児童数の増加に伴う大規模化・狭隘化の影響を主眼においてアンケートを行いましたが、そのアンケートによって、別の視点からも施設の状況を見るべきであると気付かされたのは第4章のとおりです。

　また、アンケートの趣旨はクラブの人数や施設環境がどのように満足度に影響を与えるかでしたので、直接指導員の質や満足度について調査は行わなかったのですが、『学童保育の質を決める大きな要因は、結局は人である』ということが得られたと感じています。それは、聞き取り調査や見学の中でみた、施設の制約の中で、どのように安全に楽しく子どもを保育するかを考え、工夫する指導員の姿や、保護者へのアンケートでの自由記述欄で多く見られた指導員への感謝の言葉など、調査の中で浮かび上がってきたものです。今回のアンケート調査は肯定的な記述が多数である一方、否定的な記述がわずかであったため、分析の対象にはならなかったのですが、指導員への評価が満足度を大きく左右することが予想されます。今後調査すべき課題の一つでしょう。どちらにせよ、今回の調査で得られた成果の一つとしては、新潟市の放課後児童クラブは指導員という、優れた人的資本を抱えているということかもしれません。その優れた人材を存分に生かせるような仕組みになると、新潟市の学童保育の質がより高まるのではないかと思います。

　最後に、学生たちと調査をするにあたって、業務で忙しい中協力をしてくださったクラブの指導員の先生、アンケートに丁寧に答えてくださった保護者の皆さま、アンケートの実施を手助けしてくださった新潟市、新潟市社会福祉協議会にお礼を申し上げます。

■著者紹介

　長谷川　雪子（はせがわ　ゆきこ）
　　1999年3月　大阪大学大学院経済学研究科博士課程修了、博士（経済学）
　　新潟大学経済学部講師を経て、現在新潟大学経済学部准教授
　　著書：『行政と市民の経済分析－新潟のマクロ・CVM・NPO・まちおこし』
　　（新潟日報事業社　2009年、編著）など

ブックレット新潟大学59　　新潟の学童保育を考える

2012年10月31日　　初版第1刷発行

編　者——新潟大学大学院現代社会文化研究科
　　　　　ブックレット新潟大学編集委員会

著　者——長谷川雪子

発行者——木村　哲郎

発行所——新潟日報事業社

　〒951-8131　新潟市中央区白山浦2-645-54

　TEL　025-233-2100　　FAX　025-230-1833

　http://nnj-book.jp

印刷・製本——新高速印刷㈱

「ブックレット新潟大学」刊行にあたって

　新潟大学大学院現代社会文化研究科が「ブックレット新潟大学」の刊行を開始したのは、2002年という、21世紀に入って、まだ間もないときです。

　20世紀は、科学技術が目覚ましい発展を遂げた世紀でした。われわれもその恩恵にあずかって、今日に至っています。同時に、最先端の科学や技術が戦争の道具となり、人類が築いてきたものを、瞬時に破壊する手段となりうる危険を味わったのも20世紀でした。20世紀の最大の悲劇は、多様性を排除する原理主義的傾向が極まったところにあるといえるでしょう。もともと近代化はヨーロッパ社会の絶対化という側面を伴って進行したともいえます。その負の側面が肥大して、例えば、第2次世界大戦、非戦闘員をも含んだ大量虐殺が引き起こされました。また、その後のベトナム戦争や様々な悲劇も生じたといえるでしょう。こうしたことの反省から、多様性を尊重し、相互に共生できる社会を求めることの重要性が徐々に、しかし、広く共有されるようになりました。確かに、「共生」という言葉には、新鮮な響きがあったのです。

　しかし、20世紀が終わるころから今世紀の初めにかけて、「グローバリゼーション」という言葉がもてはやされ、実際には、唯一の強国となったアメリカの流儀、すなわちアメリカン・スタンダードが世界を覆う状況が生まれました。これは、「文明の衝突」というような事態を引き起こし、ついには世界経済危機をももたらしました。そして今、その反省の上に、新たな世界への模索が続いています。

　このブックレットが初めて刊行されてから8年たった今、新たな世紀が始まりだしたといえます。「共生」という理念が今こそ共有されるべきでしょう。原理主義という過激な渦は今も至る所で大きく成長しかねない状況です。われわれに今求められていることは、共生するシステムを構築することだといえるのです。

　本研究科は、「共生」という理念を掲げ、現代の諸問題を多面的に研究し、学問的成果を育んでいます。このブックレットはその成果の一端を高校生に向けて分かりやすく書いたものです。ブックレットの刊行が「共生」という理念を世界の人々と共有するための一助になることを願う次第です。

2010年7月

新潟大学大学院現代社会文化研究科
研究科長　　菅原　陽心